保育の哲学　3

近藤幹生／塩崎美穂

■ 目次

JN138930

ななみブックレット　No.6

● 保育の哲学 ― 異なる文化や社会を知ることの意味

近藤　今回の対談では、保育の哲学を考える視野を広げ、諸外国の現状などに目を向けてみたいと思います。私は、地方での保育者・園長として実践（長野県、山梨県、千葉県など）をしてきました。その後、大学で保育学の研究・教育の道にすすみました。研究は、遅々たる歩みですが、日本の保育史、明治期あたりの小さな出来事を追いかけたりしています。教育では、保育者をめざす学生たちを相手にする日々です。保育現場にもうかがいながら、さまざまな課題を学び考えています。しかし、諸外国の保育、幼児教育については、ほとんど知りません。塩崎先生は、レッジョエミリア市、北欧、ドイツのシュタイナー教育なども、よく視察されています。教育学や比較文化史など専門分野の立場からの知見を詳しく聞きたいと思います。どうぞ、よろしくお願いします。

塩崎　こちらこそ、よろしくお願いいたします。先に申し上げておけば、私は、特に諸外国の保育を中心に勉強してきた人間ではありません。たしかに、学生時代に一年間ほど英国のロンドンで学びました。また、イタリアのナポリに二か月、ドイツのミュンヘン近郊に二か月と、語学習得を中心に学んだこともあります。加えて、修士論文でイスラーム文化圏の出産や育児について調べ考えたことが、私の考え方の基盤にあることはまちがいありません。保育者養成校で働く中で、他国の保育を見る機会にも恵まれてきました。でも私自身、歴史的文化的な背景を含めて他国の保育を論じるにはあまりにも勉強不足であり、他の国の保育を論じることにためらいをもっていることもまた事実です。

ただ、保育の哲学について、主に教育学を思想史や比較文化史の側面から学んできた私が話そうとすれば、ある程度、教育学の思想史的前提について語らなければ、やはりお伝えしたい内容が表層的になってしまう印象はぬぐえません。教育学という学問領域は、おそらく一般に理解されているよりも、ずっとすそ野が広い研究成果をもっています。

私が他国の保育についての質問を受けるたびに感じるのは、質問の前提にある考え方に対して確認をしたくなる、違和感のような居心地の悪さです。今回は、少しだけでもこのあたりの思想史的前提を説明してみたいと思っています。浅学を承知でこうした作業にとりかかろうとするのは、思考の入り口に立つこと、その入り口からそれぞれの人がそれぞれに思索を重ねること、それが「哲学」の実践だからであり、こうした哲学的思索がいまほど保育の分野で求められている時代はないと思うからです。専門的であるよりもより入門的に、複数の思考の交錯する「保育の哲学」を覗いてみる、この「保育の哲学」の三冊目がそんな体験の一助になればうれしいです。

● レッジョエミリアの保育 ― 子どもから離れている時間も保育

近藤　No.2の終わりで、塩崎先生は、保育実践を記録するレッジョエミリア市での取り組み（以下レッジョ）で「民主的な対話が、メモ、ビデオ、ポートフォリオ、アート作品など、表現の形態を問わない記録（ドキュメンテーション）によって蓄積され、民主的な関係がつくられる」と言いました。「表現の形態を問わない」ということと、また、その「蓄積」により「民主的な関係」がつくられることがあげられていました。この点についてもう少しうかがいたいと思います。日本の保育現場では、記録をすること自体についての困難性が指摘されています。長い時間、子どもたちが園にいるので、記録をする時間の確保は容易ではありません。保育体制を組む厳しさもあります。

塩崎　そうですね。一般的に「子どもと一緒にいる時間」だけを保育時間ととらえる傾向の強い日本では、「記録を整理する時間」や「保育者同士で保育を振り返る時間」などをもつことは難しい状況だと思われます。保育者不足で休憩時間すらとれないか、あるいは休憩とは名ばかりの「打ち合わせ」や「記録作成」の時間になっているのが、各園の実情ではないでしょうか。

でも本来、「準備」や「振り返り」は、重要かつ高度な専門性を要する保育の一部です。子どもと離れている時間に、子どもとともにいる時に起こった出来事を沈思し、次の実践への構想を膨らませることは「記録を整理し同僚と話す」ことを通して行われます。保育の専門性を保証する「記録を書き」「共に振り返る」という実践が、不払い残業や持ち帰り作業になっている現状については、早急に改善する必要があるでしょう。

保育者が発言しやすい職場環境をつくるためにも「記録で実践を振り返る時間」を、民主的保育実践の基盤として整えていきたいと思います。質の高い保育がすべての園で実現されるためには、保育者に「記録を整理する時間」が保証され、記録を通した振り返りを「同僚と共有できる場」が〝最低基準として〟必要だということです。

近藤　記録の意味や位置づけを根本的に再考すべきことなのかもしれませんね。ここが、条件的にも確立されないと、保育の専門性の構築に向かえないということでしょうか。

●記録の意味 ― 民主的な関係をつくる手立て

塩崎　そもそも「保育者」とは、自らが実践した保育を反省し次の保育を構想することを期待されている「乳幼児教育の専門家」であるはずです。それは保育が、「子どもから離れて保育を省察する時間」があってはじめて発揮される専門性を要求される営みであることを意味しています。子どもがお昼寝をしている薄暗い部屋で、子どもが起き出すことを心配しつつ、そわそわしながら懸命に連絡帳を書く状況では、どんなに有能な保育者が工夫を凝らしても「記録の整理」まではできません。

子どもと離れている時間が専門的保育実践には不可欠だと多くの人が理解し、個別にデスクワークをしている保育者の姿をみても、それもまた「保育中」なのだと認識できるようになると、日本の保育の内実も変わってくるように思われます。保育実践は、一人ひとりの保育者が机に向かう時間を必要とする、非常に静的な営みでもあるのです。

その上で、なぜ、保育実践では、子どもから離れて熟考するタイプの「記録の蓄積」が必要なのかと問われれば、教科書のない保育実践において、「子どもの育ちを見誤ることなく意図的な働きかけ」を行い「民主的な社会をつくるため」だと、まずは言えるのではないでしょうか。

● 子どもの行為、表情、すべてに意味がある ― くみ取る努力から保育は始まる

塩崎　また、「民主的である」とは「すべての声が聴きとられる」状態だと考えられますが、「誰もが何でも言える」「どんな表現でもまずは表明することが許されている」、そうした土壌が、人が民主的に生きる基盤なのだと思います。表現の自由が保証されていなければ、人の思いはくみ取られ得ない、民主的とは言えないと思うのです。

　保育の中にある大切なことは、多くの保育者が感じているように、なかなか言葉にはならない感情や気づきの連続の中にあります。「もやっ」としたわからなさや「ざらっ」とした違和感のなかで人はつながり、育っていく。あたりまえのことですが、なにか一つの正解が人間関係の正義として存在しているわけではありません。人は人とのつながり方を模索しつつ、相手を知りながら、自分なりの公平さや誠実さを確認しながら生きています。

　そのわかりにくさの中では、「この形式でなくては言ってはいけない」「こういう作法が表現するときには必要だ」とされたとたんに、その形式に合わせた声しか発することができなくなってしまう気がします。

　ある程度、表現方法を周りの人が理解できる形に整えて発言することも必要でしょうが、でも、言葉以外のあらゆる方法で表現する子どもたちとともにある保育者であれば、言葉の記録をとるだけでは不十分であることはわかっているでしょう。人のすることに意味のないことはありませ

ん。子どもの行為、子どもの表情、すべてに意味があります。子どものあらゆる表現から子どもの思いをくみ取る努力をすることから保育は始まります。

「この手続きで、この順番で、こういう風にいわないと聞き入れられない」といった表現の制限は、すべての人に開かれた表現の自由を保証していません。テーブルは用意されている、誰でも意見を言っていいんだよ、と言われても、でもそこで話す言葉がわからなかったり、そこでの手の上げ方を知らなかったりすれば、仮に席についたとして何をすればいいのでしょうか。用意された席は、本当に民主的な手続きとして機能しているのかどうか、ということです。

近藤　さきほど、塩崎先生が言いました「この形式でなくては言ってはいけない」「こういう作法が表現するときには必要だとされたとたんに、その形式に合わせた声しか発することができなくなってしまう」ことについて考えさせられます。子どもの声を聴くことについて、「ハット」させられる場面がよくあります。

実は、乳幼児期のことばについて、30数年間、ある研究会（全国子どもとことば研究会・代表今井和子氏）に参加してきました。小さな分科会（ことばを聞く、記録する）の世話役を毎年してきています。ある年、分科会に参加したAさんの報告に驚きました。保育者としての経験は5～6年の方で、重度の障害児施設の保育者でした。入所者の多くは、音声としての言語に課題をかかえていました。本人たちは、日常会話をはじめ、ほとんど話ができないという状態だそうです。体の大きな男児などもいて、毎日、悪戦苦闘の日々なわけです。その彼女が、分厚い冊子をもとに報告してくれたことが印象に残っています。

それは、入所者の言いたいことを想像して、○○くんは、「×××」と言いたかったようだという記録なのです。そして、どうしたら、音声としての言語を獲得できていない子たちの気持ちをつかめるかという問いを、分科会の参加者に投げかけたのです。そして、「○○くんのねがいが分かったときが、とてもうれしい」という報告でした。その頃、私の保育実践では、障害児保育の経験はなかったのですが、涙なしに聞けませんでした。音声として聞こえてこない子どもたちの声に、保育者は、どう耳をかたむけるのかという課題があることに、初めて気がついたのです。

この出来事を、私の恩師である渡辺義晴（1911-1998）先生①に報告に行きました。1973年に長野県松本市で出会った学生時代の恩師です。哲学者であり、ロバート・オーエンの研究者です。

そのしばらく前に、渡辺先生が、全国保育問題研究会の現地実行委員長（1980年第19回研究集会）を経験されたことを知りました。渡辺先生は、長野県の保育者たちによる口頭詩採集運動のことを、あらためて詳しく話してくださいました（№2、27頁）。そして、幼児のことば、つぶやきに耳をかたむけること、また、背景にある家庭の様子、父母の労働、場合によっては社会の出来事にも関心を持つことの大切さを話してくださいました。さらに、幼児たちのことばを聞く、記録するということは、保育の原点だといってよいのではないかと話されました。いっぽう、必ずしも会話ができないというケースなどのことについては、発達障害の文献や、卒業生が活躍していることなどを紹介してくださいました。その頃から、私は、子どものことばから、親や社会の状況にも目を向けていく必要性、視野を広く持つことの大事さを、くりかえし考えるようになりました。自分のなかに、保育観とでもいうことを意識しはじめた頃、と言えるかもしれません。

音声言語を持たない子どもたちの課題は、それからだいぶたってから、学ぶきっかけがありました。それは、安積力也《あづみりきや》先生のお話や文献を通してでした。安積先生は、東京町田にある私立聾学校の校長先生をされます。耳の聞こえる子であれば、1歳頃になれば、母親のことばを理解できるようになる。3歳頃には会話の土台が築かれていくという人間の言語発達の道筋を示されます。でも日本聾学校の子どもたちにとっては、これはあたりまえのプロセスではないと、次のように述べます。

「わが子の障がいを知らされて、語りかける言葉を失ってしまうほどの衝撃を受けるなかから、母親がもう一度わが子を受け止めなおし、言葉は通じなくても『心』は通じあうような関係性を回復させていくこと。そのような心の通い合う関係性の中で『待つ』こと。毎日の生活の只中で、聴きつつ、語り掛けつつ、『待ちつづける』こと。それ以外に、真に身についた『母語としての言葉』をこの子たちの内に産みだす道はありません。スタッフたちは、お母さんたちを支えあげましつつ、この忍耐きわまりない道を、ともに歩むのです。」②

安積先生が、２００６年12月の改定教育基本法可決成立への「衝撃」から、執筆されたものです。私にとって、深い教育観あるいは人間観との出会いの書物だと言えます。

●保育のマニュアル化をどう考えるか

近藤　保育実践のあり方を見つめてみたいと思います。保育実践の自由、あるいはマニュアルの意味などについて整理したいのです。保育者一人ひとりの実践は、基本的には自由だと言えます。もちろん、園としては、理念や方針を築き、職員集団で確かめながら保育をすすめ、実践を振り返り議論を重ねていきます。保育実践について職場で討議をする時間を確保することも、難しいと言われています。でも、なかには工夫をしている園もあると思います。園長時代に、何度か経験したのは、絵本についての議論でした。

B先生が、絵本『三びきのこぶた』を3歳児に読み聞かせをしました。他の先生から、「絵がマンガ的だし、問題があるのでは」と意見がありました。先輩のC先生に、あらためて意見を出してもらい、絵本の絵について話し合いをしました。「マンガだからよくない」ということでもなかったのですが、同じ題名の絵本でも、絵やストーリーの異なる内容があることを、B先生は、はじめて知りました。保育者が、どのような絵本を選び、読み聞かせるかは基本的に保育者の自由です。しかし同時に、実践をめぐって気がついたことがある場合、議論を重ねることが大事だと思いました。絵本がきっかけとなり、保育の計画やねらいについて、楽しい雰囲気の話し合いにより、それが深められました。実践の自由ということと、職員集団のあり方については、どのような関連性があると考えるべきでしょうか。

● 教育としての保育 ― 民主的関係をまもることでのみ民主的主体は育つ

塩崎　私たちは、他者である子どもを、教育（保育）者の思う「良き方向」へと変容させようと働きかけることを「教育」あるいは「保育」と呼んできました。「教育」は、ある種のおせっかいに他なりません。教育が実践されるときには、教育する側の思い込み、つまり「良いと思う方向へ向かわせようとする他者への強制的な圧力」が、個人の思考や努力とは無関係に、〈教育を駆動する力〉として原理的に働いています。

たとえば、人類の歴史を振り返ってみるとわかりやすいのですが、文明化した西欧人が未開の「野蛮人を解放する」（＝教育）という名目で、西欧諸国は他地域への侵略や植民地化を果たしてきました。あるいは、精神病者や障碍者を名指し「狂人を治療する」（＝教育）という目標を掲げ、疾病や障碍のある人を隔離し、一般の人とは別の処遇を与えてきました。今でも障碍を持つ子どもと定型発達の子どもの分離は、教育方法の一つとして正当化されています。もちろん特別支援教育の保障は何度強調してもしすぎることのないくらい大切な教育機会ですが、障碍を名指すことで社会的な排除を受ける可能性があることは、現在の社会保障制度や世論の状況からすれば否定できません。

つまり私たちは、自分とは異なる「他者」を見つけては、自分が理解しづらい異質な他者に、ある意味「自分の願うように変化してもらう」ことを求め、「教育」を実践し続けているのです。自分がわからない他者と共に生きる社会をつくろうと思えば、人を変えようとする教育が不可欠になります。

このような〈教育の原理〉に従い、大人とは異なる「他者としての子ども」を標準的な市民へと「変化」「成長」させるために公教育は構築されています。「みんなちがってみんないい」というだけではなく、社会に適応してもらうための標準化に向けた要請が、「成長」を求める教育システムとして否応なく働いているわけです。私たちは「市民ではない子ども」を学校に囲い込み、有能な市民に変わるよう教育を行っています。近代教育思想が一般化した社会では、子どもとは、「ありのままのあなたでいい」存在でなく、否応なく、「成長」することが社会的に期待されている存在なのです。

こうした歴史的前提を踏まえた上で、考えておきたいことが二つあります。一つは、そもそも「子どもは市民ではないのか」ということ。もう一つは、私たちはどの程度「教育によって民主的な社会を実現できているのか」ということです。

近代教育は、子どもを「市民以前」に位置づけ、選挙権を与えていないわけですが、子どもの意志が反映されるしくみを考える必要があるのではないでしょうか。子どもの声を社会に生かす道を考えたいと思います。

また、経済格差が広がり、苛酷な労働状況が改善されず、人間関係に疲弊する人の苦労を目にする度に、近代教育が民主的社会にむけた実践として機能しているのか、問わずにはいられません。もちろん、近代になり教育はそれまでのものよりもかなり民主的になりました。ただし、近代学校において教育方法が子どもの意志や主体性を尊重するように変化したのは、ムチでたたいて教えるよりも子どもの興味に配慮した方が学習効果が高く、より効率的、低予算で子どもに教えることができることがわかったからです。方法的技術の進歩が子どもの心を読む実践を発展させたのであり、必ずしも、子どもの権利に対する認識の深まりが、子どもの主体性を尊重する教育方法への変化を支えてきたわけではありません。発達心理学などの子どもの育ちに関する研究成果が、子どもの心を読み解き、子どもの能力をコントロールするための多くの技法を考案し、近代学校開発に貢献してきたことは知られている通りです。

でも今、私たちは、教育の方法論ではないレヴェルで、教育・保育実践の民主化を必要とする時代を迎えています。一人ひとりの子どもを市民としてとらえ、子どもの意志を理解しようと努力することが、平和を阻む大きな力に対抗するため必要になってきていると考えられるからです。子どもを操作しようとする小手先の方法論ではなく、小さな子どもの声に耳を傾け、聴き洩らさず、保育を民主的に行う必要があります。子どももまた私たちと同じ市民、意志をもった人間に他なりません。小さくて何もわかっていない者として子どもをとらえるのではなく、同じ市民として、同時代に共に生き、社会を構成する一員として子どもを位置づけ、そのうえで実践できる教育を構想していきたいと、私は教育思想についての学びを通して考えるようになりました。

「保育を受ける子ども自身がどんな自分になりたいと願っているのか」「何に興味があるのか」などを的確に理解するためには、まずは、個別具体的な子どもの姿をとらえた記録が必要不可欠です。大人の思い通りになる子どもを育てるためではなく、すでに市民である子ども自身が願う自分になっていく実践をするために、保育者と子どもが、あるいは保育者同士や保育者と保護者という大人同士が、民主的な関係を維持することは欠かせません。一方的で抑圧的な関係のなかで、民主的であることに価値を見いだす人が育つことは考えにくいからです。民主的な社会が構築されるためには、民主的な人と人とのつながりの内にある保育・教育実践が必要です。

近藤　「民主的な人と人とのつながり」を追究するということは、私も、ことばとして使用してきました。ただ、そのことが、保育において、どのくらい大事なのか、あらためて考え合いたいですね。まず「子どもは市民である」という基本的認識をおさえたいです。

塩崎　教育の抑圧性についてこうして確認してみると、あらためて、「保育者自身が自分で判断できる保育者であること」の重要性が浮かびあがってきます。子どもはそばにいる大人の生き方を見て育ちます。人に指図されてしか動けない保育者のそばにいる子どもが、「主体的に判断すること」に価値を見いだすとは思えません。自分の裁量権で保育内容を決定できず、誰かに言われたことを漫然とこなしている保育者の傍らで、「主体的な子どもが育つ」はずもないでしょう。保育者が自分で判断する、その責任を負った保育者自身の判断のなかで、先輩保育者の実践の蓄積が参考になることは大いにありうることです。でも、まずは若手でも経験が少なくても、保育者自身の望む子どもの育ちや保育実践への見通し、〝保育者としての意図〟がなければ保育は始まりません。経験の乏しい保育者でも、子どもに働きかける際には、「こんな風になってほしい」という意図をもっているはずです。保育者による一方的な押しつけにならないように気をつけながらも子ども自らが「してみたくなる」保育内容を選ぶために、保育者自身がどんな実践をしたいのかイメージしつつ子どもの育ちを支える手立てを考える必要があるわけです。

あらためて確認すれば、一人ひとりの保育者の意志が尊重されることが、民主的実践の大前提になります。先輩保育者から見て、たとえ若手の保育者がどんなに稚拙に思える実践をしていても、その保育者の意志を尊重することなしに民主的な実践はできないということです。もっと言えば、周りから見て、子どもの思いに気づいていない視野の狭さがあり、若さゆえの思い込みで一方的な保育をしていることが明らかであったとしても、その保育者自身が自分の実践の課題に気づくことを待つしかないわけです。保育者本人の意志が反映されない保育では、「自分の意見をもつ子ども」を育てることはできないからです。事ほど左様に、保育の民主化には時間がかかります。

近藤　「判断する」ということでは、「経験の乏しい保育者であったとしても」ということが、大事だと考えるようになりました。経験が浅いが故に、保育実践で苦労することについては、後でふれるようにします。ただ、1年目の方であっても、実践現場に立った、その瞬間から、「判断する」「保育実践でねらいをもつ」ことが問われます。大学・短大を卒業して間もない、保育者の姿を目にすることがよくあります。

幼稚園へ就職して2年目のDさんのことを思い出します。5月頃ですが、公園で幼児たちが自由に走り回っていて、Dさんも、大きな声をだして、追いかけたりしていました。やがて、保育者のもとに子どもたちが集まってきます。少し短いお話をして、また、広い園内に散っていきました。学生時代は、静かな、やさしい心の持ち主でしたが、その時見たDさんの姿は、頼もしさがみなぎっていました。自信を持ち、保育を展開していたようです。そんな時に考えることは、実践の場に立たされることで、保育者も鍛えられていくというあたりまえの事実ですね。園長先生をはじめ、実践現場の先生方に、ほんとうに感謝しなければなりません。

塩崎　現場によって新人保育者の立ち位置もさまざまですが、保育とは、どこまでいっても、「実際の子ども」とのやりとりを通してしか身に着けることができない実践的知性や技術の集積であることを、私も新人保育者からの話しを聞くたびに痛感します。

そもそも私たちの行う保育は、無意図的に行っている実践ですらすべて、歴史的文化的蓄積のなかで培われてきたものです。なぜ絵本を読むのか、どんな風に読むか、どんな絵本を選ぶかなど、それを保育者自身が多角的に考える職場であることが大切だと思います。保育者自身が問いをたてることができること、それぞれの保育者が自分の注目するテーマを決めて記録を書くこと(「子ども同士が目をあわせる仲直りの瞬間」「あそびのおわり」など)なども、ヨーロッパ諸国の保育実践では行われています。

近藤　先ほど、「教育・保育実践の民主化を必要とする時代」であること、「子どもを一人ひとり異なる存在としてとらえ、子どもの思いを理解しようと努力する」こと、さらに「教育のはらむ原理的な暴力性を自覚した上で、平和を阻む大きな力に対抗するために必要」だと言いました。ここは、まったく同感です。そして、保育者自身が「自分で判断すること」「保育者自身が問いを立てることができる」というアプローチが求められているのだと思います。そうした力量をつけていく過程が、レッジョなどの取り組みなどで、見られるということですね。こうした学び方についての指摘は、新鮮に響いてきます。

●過度な効率化からの解放

近藤　そして、保育方法のマニュアル化について、検討する必要があります。日常の保育運営において、全員が共有すべきマニュアルは必要です。震災や火災などが起きた際、どう行動するかは、訓練も含め一致させておかねばなりません。職員や保護者への緊急連絡は、常に整備し確認しておく必要があることも、言うまでもないでしょう。

　では、保育実践あるいは保育方法のマニュアル化は、どう考えたらよいでしょうか。これは、各園の保育理念や保育観に関係します。保育者の中には、保育実践あるいは保育方法のマニュアルがあれば、わかりやすいという方もいると思います。でも、マニュアルですますのではなく、園の職員集団が、大きな理念での一致をめざし、保育の計画を検討し実践を積み上げていきたいのです。これは、時間がかかります。でも、そのプロセスに、一人ひとりの保育者が参加し、はじめて園の理念も深められていきます。その際、決定的なのは、№２で議論したように、園における人間関係のあり方、民主主義を探究する課題だと言えるでしょう。

保育実践の自由や、マニュアル、保育の計画について、たとえば諸外国の例で参考になることがありますか？レッジョの保育実践では、このあたりのことはどのような現状なのでしょうか。

● 不確実性を大切にする保育の哲学

塩崎　レッジョで保育のマニュアル化を薦めているというようなことは、少なくとも私は聞いたことがありません。レッジョだけではなく、現在のヨーロッパ諸国、とりわけ北欧を中心とした子どものイニシアティブ（主導権）を重視する保育思想を伝統的に支持してきた地域の保育者は、目の前に生きている「その子ども」が出会っているモノやコトを見逃さないよう気を配って保育をしています。そして一人ひとりの保育者が気づいたことを記録しているのです。子どもがその時何に心を動かしているのか、どんなことを知りたいと願っているのか、それを保育者がどんな風にとらえたかが肝心であり、「一般的に想定されている子ども」に「標準的な保育者」が働きかけるイメージの保育計画や保育マニュアルでは、目の前の子どもに即した創造的な実践ができないと考えられていると私は理解しています。

一人ひとりの子どもの興味を大切にしつつ、複数の子どもがともに時間をかけて一つのテーマを探求する「プロジェクト」の実践では、子どもと保育者が出会い、感じ、考えることの一回性が大切にされていると思われます。くりかえしであっても同じではない。同じ日、同じ時間は二度と巡って来ない。一回限り、「その子どもたちとその時間だけに起こる一度限りのプロジェクト」として、おそらくレッジョの保育は構成されています。「子どもたちの１００の言葉③」を聴きとることが大切にされる保育では、よく知られている通り、予測可能な部分が三分の一、予測できない不確実な部分が三分の二であると言われます。計画通りに進む保育を求めない保育では、「前年度やったから今年度もします」ということはまずありません。レッジョだけではなく、ヨーロッパの保育者には、保育の標準化や一般化によって失われるものを自覚し、一回性や不確実性を大切にしている人が多いのかもしれません。決められたことを決められた通りに子どもに「教える」保育イメージの強いアジア文化圏とは、そこが異なっている可能性はあります。西欧諸国には、保育思想の基底として、マニュアル化を拒む「保育の哲学」がある、そんな風にも思われます。

ただ、考えてみれば、たとえ毎年同じ行事を行っているとしても、子どもが異なればまたちがった保育実践が展開されているわけですから、保育はいつでも一度限りのはずです。むしろ、それでもなお保育をマニュアル化するとはどういうことなのか考えたいところです。

近藤　ここは、保育者にとって、「保育とは何か、保育実践とは何か」に関する鋭い問題提起だと思います。そして、ゆっくりと、考え合える時間を保証するのが、日本社会の大きな責任ではないかと言えます。

●想定の枠内に子どもをおさめたくなるマニュアル化

塩崎　そもそもマニュアルとは「手動」という意味です。「オート（自動）の反対」といった意味もありますが、ここで言われるマニュアル化とは、「対応を標準化した手引書を整えること」だと理解されます。初心者でもわかるように対応方法を標準化し、わかりやすく説明した文書をくまなくいきわたらせることをマニュアル化と呼ぶのでしょう。家電製品の「取扱説明書」、いわゆる「トリセツ」は、初めて購入した機械の操作方法を知る場合などには重宝します。つまり、誰がやっても同じ行為、誰にでもできる方法をマニュアルは示しています。そう考えてみれば明らかですが、その人、その保育者にしかできない個別具体的な価値のある実践をマニュアル化することはできません。保育実践とは基本的に代替不可能な行為の連続です。誰にもその保育者の代わりはできない、マニュアル化を拒む営みであるはずです。

あるいは、手引書に従うばかりで自分の意志がない、いわゆる「マニュアル人間」が保育を行う場合を想定してみるとわかりやすいでしょう。たとえば、地震という緊急事態に際し、「マニュアル人間」の保育者は、せっぱつまった中でもマニュアルを読もうとするかもしれません。そうした保育者自身の判断力のなさ、責任を負わない体質が致命的であることは明らかです。東北の震災で子どもを救ったのは、被災時の保育者の役割を保育者間で共有しつつ、自らの判断で動くことができた保育者の実践力でした。

近藤　このときの保育者の動きについて、深く考えさせられました。保育者の手記を取ってあるので、一部を紹介しておきます。「『おやすみなさーい』。2011年3月11日、午後1時少し前、子どもたちを布団に入れ、トントンしたり絵本を読んだり、添い寝をしたりしながら保育士4名で2歳児20名を午睡させました」（『現代と保育』91号、2015年3月、ひとなる書房、保育者の手記）。その後、突然襲ってきたわけです。命をつなぐ保育者の役割は、№2でもふれました。詳細は以下も参照してください（『震災と保育1』磯部裕子、ななみブックレット、『3.11を心に刻んで2016』岩波書店編集部）。

塩崎　マニュアルでは、「想定外」の事態への対応ができません。とりわけ多様な価値観を日々扱う「保育」という領域では、想定外の出来事がけっして少なくありません。にもかかわらずマニュアルのみで対応しようとすれば、想定外の出来事に対して、既存の枠内で理解することを望むようになってしまうのではないでしょうか。自らの想定の幅を広げるのではなく、自分の理解の枠内に、子どもや親の思いを閉じ込めて理解しようとするかもしれません。「噛みつき」があったとき、「忘れ物」をしたとき、必要に応じたマニュアルをつくっておくことの意義は認めつつも、マニュアルの規定に、つくった人間が縛られてしまうことがないよう注意が必要でしょう。

不測の事態の備えとしては、想定外の価値観に出会った際、組織のリーダーがその都度多くの声を聴きながら判断し個別に指示できる組織のチームワークを大切にし、判断に柔軟性をもたせることこそ準備しておきたいものです。細かなマニュアル的な規定の存在が、自発的な現場の活動に制限をかけてしまうことがあってはいけません。

ところで、こうしたマニュアルによる硬直化が生み出す機動力のなさや判断の遅れといった弊害を防ぐためにも、やはり保育者集団が民主的であることが重要だと思われます。民主的な関係について考える際には、人の思いを察する素地があるかどうか、他者の意見を聴く仕組みが整っているかどうかが決定的に重要だと考えられます。そこでうかがってみたいことは、近藤先生が人の思いをくみ取る時に、どのようなことに気を配っておられるのかです。いかがでしょうか？

● 人の声を聴くとは人の日常を具体的に知ること

近藤　人の思いをくみ取ることについては、こちらから、「尋ねる、質問する」という姿勢が肝心だと思います。相手の立場を考えながら、「聴く」ということです。人とは、もちろん、子どもから大人までです。偉そうな表現になりましたが、実は、このことについては、若い頃の苦い思い出があります。

先ほども話しましたが、私がもっとも影響を受けた渡辺先生のことを話さねばなりません。先輩に、「授業を聞かないともったいない」と何度も言われるので、一番前で聴講するのですが、「哲学」の授業は、ほとんどわかる内容ではありませんでした。私が入学した頃は、渡辺先生は、定年まであと数年という状況でした。今になって考えてみると、渡辺先生とは講義以外のところで、頻繁に対話をかさねたことが、自分の自己形成にとって、とても大きな意味を占めているように思います。

当時、学生自治会の役員をしていて、先生は教員側の担当をされていました。ある時、厳しく叱られたことがあります。それは、学生側の要求に関することではなく、「一度ゆっくり話をしに来ませんか」という先生からの誘いがあったのですが、約束をしたまま、私が結果的に無視してしまっていたのです。時間が経過してから、研究室を訪ねたとき、「君は温室育ちなのかもしれないが、人と人との関係についてどう考えているのか」と厳しい口調でした。その時、質問されるまま、自分の両親のこと、育ちについて長く話しました。母親は長く小学校教員であったこと、その後、市議会議員をしていること。父親は薬屋を営みながら、社会活動に走り回っていたことなど。先生は、私の話をていねいに聴きながら、「それはおもしろいねえ、どうして君は、この大学へ来たのか?」こうして何度も訪問することになるのですが、印象に残っていることを要約するとこんな感じです。

―君は、もっと働いている人たちのことについて、具体的に知ることが必要だ。汗して暮らしている労働者や市民のこと、農家のおじさん、おばさん、あらゆる人たちの生活や心情に関心を持つこと。人間に対する興味をもつことだ。そして、自分の一日を振り返って、今日は、どんな方と出会ったかな、何を質問し、挨拶したかなあと思い出してみることだ。―

渡辺先生の専門とする哲学、オーエンのことについては、後でまた話題にしますが、人の思いをくみ取る姿勢ということで、大変重要な出会いでした。

● 日常実践の丁寧なくりかえしによる他者への気づき

塩崎　なるほどですね。この社会に生きる身近な人々にもっと注意を払ったらどうですか、と。日常の中に人の思いをくみとること、何気ない暮らしの中にある人と人との関係が社会的文化的にどのようにつくられているかに思いを馳せることなどを、大学生の時にオーエン研究者の渡辺先生から伝えられたということですね。近藤先生がものごとを見る視点のつくられ方、どのような哲学的傾向を身に着けられておられるのかが垣間見えるようなエピソードです。

人の思いとは、そんな風に、日々を丁寧に振り返る積み重ねによってようやく浮かび上がってくるものだと私も感じます。大切なことほど掴めそうで掴めない、ささやかで、見つけにくいものではないでしょうか。歴史的につくられてきている社会構造の理解も、無自覚な文化的背景も、人の思いをくみ取るためには知っていく必要があるでしょう。

近藤　渡辺先生の指摘の内容について、もう少し補足してみます。私にとっては、だいぶ後になってから理解が進んできたと言えます。自分は物事を考えるときに、わりと決めつけてしまう面があった。たとえば、私自身の育ちにおいて、「民主的」「保守的」といった言葉に慣れてしまってきた。でも、その言葉の意味することは、どういうことなのか、きちんと考えてみなさい、というメッセージであったように思います。保育の仕事についてから、6年ほどして、山梨県から長野県の村に移ることになりました。この時、保育の仕事を辞めて転居しました。もちろん、さんざん悩みます。自分だけ、保育を続けて単身生活を続けるか、家族（妻と子）一緒の生活のために村へ行くべきかと。そんな時、必ずといっていいくらい、渡辺先生に手紙を書き、可能な限り先生の自宅を訪問するのです。先生に話しているうちに、気がついてきます。村の生活は、保守的、閉鎖的、もちろん農業なんてやりたくない、という気持ちが自分にある。先生は「いやあ、それは大変ですね、でも、おもしろいじゃないですか」と応じるのです。こちらの迷い、不安を、すべてといえるくらい聞いてくださいます。そして、男性保育者として仕事を選択してこれまで働いてきた。しかし、家族、子ども、親のことも考えて、自分の方が仕事をやめて、村で暮らすという決断について、全面的に応援してくれたのです。その時、村で保育園を始めることになろうとは、思っていませんでした。時間がかかりますが、村の野菜農家の人たちの具体的な生活を知り、農業への誇りや気概をもちながら汗して働く人たちの姿に、感じ入るようになりました。野菜価格の不安定のためにで野菜を廃棄しながら、懸命に生きる人たちの姿に出会うことになりました（№1、27頁）。

こうした日々の暮らしや生活のなかで、人の感情や気持ちについて思いを寄せることが、教育や保育においては、土台になるのだと考えるようになったのかもしれません。

塩崎　具体的な暮らしを通して、初めて、自分とは異なる暮らしぶりの人のもっている価値観、苦しみや諦めや喜びや希望が見えてくるということでしょうか。

そう考えてみると、すぐにはわからない他者の思いをくみ取ることなしに、他者に変化を求める「教育」や「保育」をしようとすることの危うさを感じずにはいられません。教師を「聖職」とする〈ものの見方〉に潜んでいる感覚は、教育を「神聖」で「良きもの」とみなす傾向に通じています。でも、その正義こそが危ない。

私はいかなる立場のどんな方法の教育でも、思い込みで実践することは厳に慎むべきだと思っています。それは、他者理解への謙虚な構えなしに教育を行うことが生み出してきた「抑圧的で独りよがりな暴力」の歴史に学びたいと思うからです。抑圧的になりがちな教育の原理を自覚しつつ、一方的な他者への圧力に陥らない民主的な教育実践を創造したいと思うのです。

こうして「教育的なるもの」の思い込みを自覚した上で「保育の可能性」について改めて考えてみると、「マニュアル化を拒む原理をもつ保育実践」こそが、育つ人、学ぶ人が「自ら生きていく」ための基礎を創造するのではないかと思えてくるのですが、いかがでしょうか。

「保育」の場合、教育（education）の受け手である被教育者の年齢が低いため、当事者の思いは「言語」という固定されたツールだけでは聴き取りづらいものです。おそらく、言語による標準化されたマニュアルでは対応できない、個別具体的な子どもの願いが、保育者にはそれぞれの場面で肌を通じて感知されていることでしょう。ここに、ささやかではあっても大切な民主主義への扉が、「他者への配慮」の入り口として存在しているのだと思います。自分の目に見える世界から一端離れ、「他人（ひと）の目から見えている世界」を想像することから、民主的な教育を実践することができるのではないでしょうか。

●その場で生成してくるものを大切にするオルタナティブ教育と保育実践の親和性

塩崎　日々の「暮らしを丁寧に行う中で人が育つ世界」を大切にした思想家として私が思い出す人物の一人に、ルドルフ・シュタイナー（Rudolf Steiner 1861–1925）がいます。保育の世界では、わりとよく耳にする名前ではないでしょうか。現在日本で参照されている海外の保育思想や方法としては、「レッジョ」（北イタリアの都市レッジョエミリア市における公的な保育実践）、「テ・ファリキ」（NZ のナショナルカリキュラムをもとにした保育実践）、「モンテッソーリ」（イタリアの女医による障碍児を含む保育実践）などと並んで、「シュタイナー」もまた有名です。

たとえば日本でモンテッソーリといえば、「教具」を用いた環境設定や早期教育の方法の一つとしてイメージされることが多いかもしれません。モンテッソーリを丁寧に学んだ人からすれば、もっと異なる理解があり得ることはよく指摘される通りです。

それと同様に、一般的にはオカルト教の指導者のようにもみなされている神秘思想家シュタイナーについては、賛否両論、批評する人の立場によって意見が分かれています。シュタイナーの教育理論や実践についての理解が進んでいるとは言えない状況です。シュタイナー学校は芸術的であり、「絵と音楽をならう学校」あるいは「あまり勉強しない学校」というイメージをもつ人も少なくないでしょう。実際、教育思想史の文脈では、「秘境的」「非科学的」であるという批判も散見されます。それでもなお、実践レヴェルではその有効性が認められ、世界中でシュタイナー学校を選好する人たちがいる状況を勘案すれば、シュタイナーの構築した人を育てる仕組みには、まだまだ学ぶ余地があるのではないかと思われます。

シュタイナーが亡くなった1925年、シュタイナー学校はドイツに2校、イギリスとオランダに1校ずつあるだけでした。シュタイナーの死後、学校はナチス政権に一時閉鎖されますが戦後すぐ再開し、その後着々と数を増やし、1980年代には急増し、今では世界各地に700校にのぼるシュタイナー学校が存在しています。日本でも、1987年の東京シュタイナーシューレ（現シュタイナー学園）誕生以来、各地で実践が続けられています。

シュタイナー学校は、従来の学校のもつ知識偏重的傾向に対し、芸術活動を含んだ改革を行った「新教育」運動の一つとして展開してきました。それは第一次大戦後、ニイルのサマーヒル学園（イギリス）、フレネの子ども戦線（フランス）、パーカーストのドルトン・プラン（アメリカ）などと同様に、近代学校とは別の選択肢（オルタナティブ）を探り、子どもの自発的表現を重視する教育として発展してきたものです。これら「新教育」に共通している哲学は、子どもとともに実践が生成していくこと、マニュアル化を拒む原理が実践の基底にあることでしょう。

日本の保育は、基本的に、「新教育」の旗手ともいえる倉橋惣三の思想を基本として実践が重ねられてきました。新教育の一つ、近代学校とは異なるオルタナティブ教育を提唱したシュタイナーに、私たちの保育実践が親和的であるのは、ある意味当然かもしれません。

●同じことをくりかえすという日常実践の意味 ― シュタイナー幼稚園を訪問して

塩崎　２０１７年２月、ミュンヘン市の住宅地にあるシュタイナー幼稚園を訪問してきました。

シュタイナー幼稚園と一言でいっても、地域によって、園によって、保育方針や雰囲気は様々です。組織ではなく、教師や保育者である実践者に多くの裁量権が付与されていることがシュタイナー学校の特徴ですので、施設ごとの差異は、当然といえば当然なのかもしれません。

私が訪れた園は、いわば「ガチガチの信奉者」だけの園ではありませんでした。「たまたま近所にシュタイナー幼稚園があるから通うことにした」というような、シュタイナー教育についての緩やかな理解をもった保護者が多い印象でした。保育者たちも、もちろんシュタイナーを学んだ実践者ですが、シュタイナー思想以外は受け付けないといった排他的な感じではなく、どちらかといえば、郊外でゆったりと暮らす中間層の保育を選んだところ、そこがたまたまシュタイナーだったという雰囲気でした。

公立の保育施設とは異なる私立幼稚園ですので、経済的にはゆとりのある層が「こういう保育を子どもに保障したい」と選んで通っている傾向が感じられました。憶測ですが、日本のシュタイナー学校を選好する保護者と、社会的地位や価値観が似ているグループかもしれません。単純にイメージ化すれば、たとえば、有機農業を支持し（シュタイナーは「人工肥料反対運動」の指導者でもありました）、自然との共存を大切にし（シュタイナー思想はエコロジー運動の潮流にも位置づきます）、既存の公立学校のオルタナティブ（代わりになるもの）を求めるグループ、言ってみれば、民主的な教育に熱心な中間層（ミドルクラス）という感じの保護者です。

シュタイナーの主張には興味深い点がたくさんありますが、まずはその建築空間、環境設定が魅力的です。直線を極力避けた空間に置かれる木彫家具、やわらかいパステルピンクのカーテン、自然色の布、季節を感じさせる手づくりのオブジェなど、室内が「落ち着く場」として整えられています。家具、おもちゃ、置かれているモノの一つ一つが気持ちよくすっきりと配置されており、粗雑に扱われている余分なモノがない印象です。

このように日々の暮らしを丁寧に実践していることが、置いてあるモノから伝わってくる環境設定です。掃除が行き届き、子ども用の外套（コート）かけや、曲線を基調に創られた椅子が所定の場所に置かれています。各部屋にあるキッチンでは、決まった曜日に子どもとともに小麦を挽き、生地をこね、伝統的なパンを焼いて食べるのですが、食器棚にはマグカップやお皿などがいつでも取り出せるよう並んでいます。子どもが飛び跳ねたくなるだだっ広い空間ではなく、壁面が装飾されたおもしろい空間でもなく、そこは、自宅にいるようなくつろぎを感じる保育室です。質素でホッとできる、そんなアットホームな場でした。

こうした家庭的な雰囲気を公的保育の空間として用意することは、今や日本でも推奨されているでしょう。学校の教室を範とした、教師と子どもたちの対面空間ではなく、ソファーがあり、ダイニングテーブルがあり、キッチンがある、家庭のリビングのような場が保育室として準備され始めています。同じことをくりかえす日常の営みが非常に大切であり、その安定感の中で子どもが育っていくことを、いずれの文化の中にいる保育者でも感じているのではないでしょうか。

環境はこのように、刺激が少なく「おちついた雰囲気」であることが大切にされていますが、ではシュタイナーの保育とはどんな内容なのか、これがまたちょっと他とはちがっているのです。

シュタイナー幼稚園では基本的に、毎週、毎曜日、同じ保育内容がくりかえされます。音楽や造形や描画のように毎日少しずつ行われるものもありますが、たとえば月曜に散歩、火曜は料理、水曜がオイリュトミー（身体表現）、木曜に畑仕事というようにメインの保育内容が曜日によって固定しており、子どもたちは毎週同じ曜日になると散歩に行き、パンを焼き、畑を耕しています。同じことのくりかえしの中にも、同じことは一つもない。くりかえしの中で子どもが自らいろいろなことに気づいていく、ゆったりとした時間が大切にされています。

近藤　そうですか。「同じことのくりかえしの中にも、同じことは一つもなく、くりかえしのなかで、子どもが自ら気づいていく」ということ、とても考えさせられます。日本の保育者の場合、どう受けとめるでしょうか。地方の保育者と話したときに、感じたことを思い出しました。Eさんは、こんな風に表現していたのです。

—私たちの園の保育実践は、特に変わった実践をしているわけではありません。毎年、ここの田んぼを散歩している。もちろん、子どもと季節をいろいろと感じることはある。でも、都市部のよく保育研究会で取り上げているような、立派な実践ではありません。—その話を聞いていて、地方の保育者が、平凡だと思っている地味な保育実践には、ゆっくりと自然や環境の変化を心身でつかみとっていく、子どもたちといっしょに築く、魅力的な保育なのだということです。

● 身体に沈潜し、再開し、自分のものとなっていく学びイメージ

塩崎　何万年もの間命をつないできた人間の子育ての中では、くりかえしくりかえし実践する習慣や習俗がとても重要です。

では、近代以降に成立した習慣としてのくりかえしを大切にする保育・教育実践では、どのようなことに気を配っているのでしょうか。たとえばシュタイナーは、「教育そのものが芸術行為である」という教育観に基づき、心、身体、知性、精神性を丸ごととらえ、子どもを全人的に育てようとしました。シュタイナー学校では、国語、算数（数学）、理科、社会などの主要科目から一科目だけ選び、その一つの教科を3か月以上継続して学習し続ける「エポック授業」が行われています。国語なら国語だけ、午前中に取り組む主課題が3週間くりかえされるのです。国語のエポックには、他の科目は学びません。次に国語をするのは半年後になるかもしれない仕組みです。ただし、音楽や体育、畑づくり、フォルメン線描（イメージの描画）、オイリュトミー（身体表現）、手の仕事（手芸）、工芸、水彩画など、エポック授業とは別に、毎日、毎週、くりかえし行われる教科や活動もあります。

いずれにしても「エポック授業」という特徴的な仕組みの中では、一つの教科にゆっくり時間をかけて取り組むため、他の教科にかかわらない期間も長くなります。たとえば国語のエポックが終わり次の教科に移ったら、次の国語エポックまで国語には触れません。当然、いったん学んだ国語の知識は表面的な意識にはのぼってこなくなる時期があります。一度学んだことを子ども

は忘れます。「忘れる」というと語弊があるかもしれません。「消化する」という感じに近いでしょうか。学びが身体の深層に沈んで蓄えられている、思い出さない期間が訪れるわけです。大切なのはこうした知の熟成期間の後、意識にのぼらなくなった知識に「再び出会う」ことだとシュタイナーは言っています。いったん沈潜し、意識の奥底にしまい込まれた知識に「再会することを通して」学ぶ。そうした再開の学びを経て、はじめてその知識は身体で覚えた技術のように忘れることがなくなるというのです。身体の中で醸成された知識がゆっくりと蓄えられていく〝学びのイメージ〟です。④

そう考えてみると、私たちの馴染んできた国語・算数・理科・社会という細切れにされた一般的な学校の時間割は、はたして私たちになにを残す仕組みとして考えられているのでしょうか。3週間どころか50分一コマの中で、次々と課題をこなしていく授業です。学校の子どもたちは多くの知識に短時間で出会い、忘れていないことを確認され、それなりに集中して覚える訓練をしています。ただ、こうした仕組みが肌に合わず集中力が続かない子どもにとって、学校での知が有効に蓄積されないことは誰もが知っている通りです。

もう一つ、シュタイナー学校の特徴として興味深いことは、教師が原則8年間、同じ子どもたちの担任であり続ける仕組みをもっていることです。担任はずっと同じ。8年間も、同じ教師と子どもたちが学びの時間を共有します。教師は、一人ひとりの子どもの感性、思考傾向、価値観、学びへの構えなどを熟知しています。それぞれの教師は、一人ひとりの子どもの中に生起する8年分の成長過程を視野に入れ、授業を構成するのです。

教師としては、人生の内に8年間を1クールとしたら、おそらく3クール（24年）から多くて4クール（32年）しか「同じ課題を教える経験」は蓄積されないのではないでしょうか。とすれば、実践において「教えること」や「指導すること」に慣れていくことはないのかもしれません。しかも、同じ課題を3か月間行うエポック授業を想像してみれば明らかですが、子どもは日々変容していきます。子どもがわかっていく内容が日々変容していくことに即して教師には学びを構成していく必要があるわけです。「慣れ」たり「マンネリ化」したりする余裕はないでしょう。

このように、3週間同じ科目に取り組む「エポック授業」の中で、教師と子どもは、個人がもつ異なる思考傾向をよく理解し合いながら、同一の課題に丁寧に出会います。学びに惰性が持ち込まれない、非常に興味深い仕組みだと思われます。

それにしても、教師にとっても、子どもにとっても、8年はとても長い。言うまでもなく、7歳から15歳の子どもたちは身体も心も大きく変化する時間を生きています。その一人ひとりの知識、学ぶ内容、学びへの構えの変化に合わせ、教師も変わっていかなくてはならないでしょう。毎日顔を合わせる教師と子どもの親密性が生み出す安定感と、学びがマンネリ化しない緊張感が、「エポック授業」と「一人の担任」という仕組みによって生み出されているように感じます。

ひるがえって、日本の学校や保育の場では、1年ごとにクラス担任が変わります。毎年担任が変わるメリットは何でしょうか。子どもや親としては、もし価値観の合わない教師や保育者にあたったとしても、1年がまんすれば担任が変わることでしょうか。保育（教育）者からすれば、気の合わない子どもや保護者がいても、1年やり過ごせばなんとかなるということが救いになるのかもしれません。世界には、自分と合わない人とでも8年かけてわかりあっていくシュタイナー学校のような担任制もあれば、合わない人がいたら交代の時期を待って、離れるまでの短期間だけを視野に入れて人間関係を築く日本のような担任制もあるということです。

●他国の保育、幼児教育を知る意味 ―「自分自身」の価値観を相対化すること

近藤　訪問されたシュタイナー幼稚園の様子をうかがっていて、子どもたちが、どのような場所で過ごせるのか、大人たちが心をかたむけているのだと感じます。日本の保育園や幼稚園にも、よく工夫された保育の空間を見ることがあります。保育の空間って、子どもがゆっくりと過ごせること、私たち大人も気持ちよく生活できる場所が大事ですよね。

ここでもう少し、整理して考えてみたいことは、文化や習慣、言葉などの違う地域や国々の保育あるいは幼児教育の実際を見てくることは、どのような意味があるのかということです。あまり一般化することはできないでしょうが、保育実践をすすめていくとき、どのような影響があるのでしょうか？

塩崎　ここまでシュタイナーの紹介をしてきましたが、私は特にシュタイナー教育を世に広めなくてはならないと強く念じている者ではありません。シュタイナー幼稚園やシュタイナーの考えたオルタナティブな教育実践に注目するのは、それを真似さえすれば、直ちに良い実践ができるとは思っているからではないことは何度も確認したいと思います。ヨーロッパのおしゃれな保育

空間にすれば、にわかに良い実践ができるなどと短絡的に考えることは、むしろ慎むべきだと考えています。必要なのは自分の馴染んでいる感覚とは異なる地域の歴史を知り、文化の形成過程に目を向けてみることでしょう。

私が異文化の研究を通して感じてきた知の深まりは、自分自身の暮らしや感じ方を、複数の視点から考えられるようになることです。つまりそれは「哲学的思考の生成」です。「他」を見ることで「自分自身」の価値観が相対化される、それは哲学の実践そのものです。自分が想定していなかった異なる考え方に出会うことで、「私（たち）自身が大切にしているもの」が逆照射されて見えてくる、そのことに異文化研究をする意味を私は見出してきました。もちろん、異文化に触れることで、自分たちの実践に加えることのできる直接的かつ方法論的なヒントはあるかもしれませんが、そうした実務レヴェルのヒントを見つけることは、経験上、異文化に出会うメリットとしては付随的なことにすぎません。

実践の相対化や文化間の比較によって得られるものは、自分が既に／常にもっている「自明視された価値観に気づくこと」です。そもそも保育とは、あまりにもあたりまえのこと、「自然化」されすぎていて意識しづらい行為の連続です。習慣化し可視化しづらい保育の内実におぼろげながらでも近づくことが、「異文化を知ることに含まれる研究の可能性」です。

他国の保育実践を歴史的文化的に参照しようとする意志は、自分を、そして社会を、丁寧に理解しようとすることにつながっています。少なくとも、私は、ドイツが優れていて日本は遅れているなどと思ってはいません。どっちが良いとか悪いとか、そういう優劣の比較の問題ではないのです。

近藤　この考え方に、とても共感します。あまり諸外国の保育、幼児教育を実際に見ているわけではありませんが、保育の原理的な部分を吸収するということだと思います。自らの保育の考え方を再考していくことが可能になると考えます。

では、日本の保育、幼児教育の良さは、どこにあるのか。ここを探究することも、保育の哲学的テーマです。まだまだ、訪問してみたい保育園や幼稚園がたくさんあります。これまでの限られた経験ですが、それぞれの地域において、人々の暮らしとともに生まれてきた保育がある。生活と結びついて保育が表現されている、地域性をもつということが、日本の保育、幼児教育の良さだと考えてきました。あいまいな表現になりますが、保育園や幼稚園の存在が、その地域のあたりまえの光景になっているということだと感じます。

● 世界のトレンドは「子どもの主体性を大切にする保育」

塩崎　先ほども申し上げたように、日本の保育思想や実践は、基本的に、ドイツや北欧諸国と同系の「子どもの主体性」を大切にする新教育運動の影響を受けて形成されてきました。子どもの発達段階に配慮し、子どもが受け身にならないよう、「生活さながら」（倉橋）に保育をつくりだすことが目指されてきたのです。近藤先生のおっしゃるように、地域の暮らしを大切にする傾向が日本の保育実践にはあるのでしょう。

近年、教育経済学が「乳幼児期への投資が効果的」だというデータ（エビデンス）を出したことにより、多くの国々が「保育」にお金をかけ始めています。人生の中でも赤ちゃんから幼児までの時期である「保育を受ける期間の子ども」へと予算を配分することが、効率的に社会を豊かにするというわけです。つまり、質の高い保育を受ければ、人は、高額の納税をする労働者として働き、健全な市民として家族を形成し、生活保護や犯罪の更正などにかかるいわば余分なコストを社会に浪費させないという「能率」主義、将来に向けた社会構想がいま「保育」を後押ししています。

しかも、詰込み式の早期教育よりも「子どもの主体性を大切にする保育」の方が効果をあげることがいくつかの研究で指摘されるに及び、質の高い保育が、子どもの能動性を保証するものとしてイメージされるようにもなってきています。「大人に言われた通りに何でもするいい子」ではこれからの流動的な社会情勢を生き抜くことはできない、子ども自身が「問題を解決すべく思考できる」保育が、これからの社会で活躍する人材を育てることができるというわけです。早期教育的な教え込みではなく、子どもの思いを大切にする保育実践が「生活さながら」に行われることが、世界的な保育のトレンド（流行）になってきています。

近藤　「子どもの主体性を大切にする保育」ということが、いまや「世界のトレンド」であるということには、励まされますね。ようやく、就学前の保育あるいは幼児教育に、日本もきちんと公的な財政措置を講じなければならなくなってきたわけです。

●「あそぶこと」と「学ぶこと」の意味

近藤　しばらく前（1980年代の頃）のことですが、子どもたちがあそばなくなったということが指摘されました。「よくあそぶこと、よく学ぶこと」についてイギリスの諺が話題になっていました。簡単にいえば、よくあそぶことが大事だ、それがなくて、勉強ばかりしていたら、問題だ。しかし、あそんでばかりいて、勉強をしっかりしないと、もっと問題だということ、内容は真実をついているのだと思います。調べ直してみました。

All work and no play makes Jack a dull boy.
All play and no work makes Jack a mere boy.

直訳すると「勉強ばかりしていてあそばないとジャックは、おろかな少年になる。あそんでばかりで勉強しないと単なるつまらない少年になる」でしょうか。

現時点で、あそぶということ、学ぶということについて、どのように整理したらよいのでしょう。なぜ、このことにこだわるかというと、園での保育内容について、保護者から寄せられる声の中には「園であそんでばかりいる。もっと習いごとなどをさせてほしい」という内容が多いそうです。それに対して、園側も十分な説得力を持てないということもよく聞きます。これは、掘り下げて考えてみるべきテーマの一つだと言えるからです。

塩崎先生は、このあたりを、どのように思われますか？

塩崎　保育思想の潮流を俯瞰してみるとおもしろいことに気づきます。先に見たように「子どもの主体性を大切にする」保育をつくりだしてきた新教育は、国民国家や強い経済体制を効率的につくろうとした近代学校を批判することから始まりました。既存の学校に抵抗するかたちで、新教育は、生産性や効率性を重視する選別的能力主義を批判したのです。

子どもとともに保育をつくる実践者が「あそび」を好んで選び、時として、その保育内容に〈学校的なるもの〉への批判がこめられる傾向も、歴史的文脈をたどれば理由のないことではなかったのだと気づきます。歴史的には、受動的に授業を聞く子どもたちが、資本家が雇用しやすい労働者になっていく近代学校への反発が新教育運動の中にはありました。規律訓練により飼いならされてしまう「人間の尊厳」をなんとか守ろうとする意志を、新教育を推奨した人たちはもっていました。こうした文脈の中にある保育における「あそび」は、人間が人間らしく生きていくために必要なものとして、実践者に感知されてきたのではないでしょうか。

もう少し加えれば、「あそび」のなかにある「学び」については、だれも否定していません。おもしろくてあそんでいる中に、学びが含まれているわけです。ただ、その反対に、「学び」のなかに常に「あそび」があることはあまり明言されません。私たちのとらえる「学び」イメージの貧しさが一因ではないかと私は思うところですが、受身でしか学ばせてもらえない〈学校的なるもの〉が支配的であるとき、おもしろさを感じるあそびは後景に退いていくこともまた事実でしょう。

こうしてみると、新教育を基礎に発展してきた日本の保育実践のもつ価値観や、歴史的思潮のなかで生成されてきた保育の意義を踏まえ、あらためて考えておきたいことがあります。今、ようやくそこにたどりつきました。

近藤　「あそび」のなかにある「学び」、そして「学び」のなかの「あそび」について、考えてみたいですね。確かに、「あそび」のなかにある「学び」の側面については、わりとたくさん事例を挙げることができます。たとえば、5歳児クラスで、お店屋さんごっこをしていました。そのときに、作った商品（空箱などでつくった動くおもちゃ）の値段を決めている場面に出会いました。「500えんかあるいは1000えんか」、といくつかのおもちゃを見ながら相談している（値段を決めて）いるのです。話し合いの結果、作るのに「たいへんだった」（苦労した、時間がかかったやつ）おもちゃの方を、高く「1000えんにしよう」ということになりました。まるで、ある商品に費やされた労働時間をもとに、価格が決められていくような場面を見て、子どもたちの考えるプロセスに感じ入りました。お店やさんごっこを通して、かなり抽象度のある考え方を、身につけていくといった例などが浮かびます。ところが、「学び」のなかの「あそび」の例をイメージとして思い浮かべることが、難しいと言えるかもしれません。「学び」イメージの貧しさが、要因だということですね。

● 芸術的営み ― 人間の可能性に向けた教育

塩崎 人の行う営みとしては「芸術」に近いイメージですが、「過度な効率化から自由な創造的営み」の内に、〈あそびと学びの双方を含む保育実践〉はまたがっているのではないかと思われます。そして、人間の自由を保証するあそびと学びによって成立する保育において、あそびと学びを隔てているものの見方の一つに、近藤先生もご指摘になっている通り、「生産性の有無」が考えられます。「学ぶ」ということは、学びを通して身に着くものがあり、その後の人生を豊かにするという意味で生産的な行為にもなり得ます。

一方「あそび」は、「それって意味ある?」というようなことに熱中し、「なんでするの?」と問われても答えに困る、「わかんないけどおもしろい」と感じる、人間の不可解さに触れざるを得ないところがあるのではないでしょうか。人智を超えた、大切ではあるけれどうまく説明できないところ。「あそび」はおそらく、原理的に、その効果の実用性を実証できない領域として成立しています。教育経済学などでは扱いづらい領域が、「あそび」として、保育にはまだまだ広がっているのだと思うのです。私たちは経験的に、子どもたちがドキドキして「あそび」ながら成長し、「明日も保育園に来たい」という希望を「あそぶ」中でもつことを知っています。でも、あそびの「生産性」や「効率性」を外から問われたら、次元の異なることをたずねられているという居心地の悪さを感じるのも事実です。

言葉にならない豊穣な世界、いっけん無駄に見える遠回り、余剰が生み出す人間にとって大切なもの、数値化しづらい人の育ちの変容など、人間の尊厳にかかわる部分を、おそらく私たちは「あそび」の中にみています。人間の個人的な認識枠組の限界を越え出る可能性を「あそび」の周辺に感じるのではないでしょうか。

こうした「言葉にならない」領域でもある「あそび」や「芸術」についてもう少し丁寧に話し始める前に、一つ話の前提として付け加えておきたいことがあります。それは、ここ最近の教育経済学の研究が、大切な役割を果たしてくれているということについてです。

それは、昨今の教育経済学の議論にしたがえば、実際には、社会にとってもっとも投資効果が高く、社会の生産性をあげる実践を「新教育」や「保育」がしてきたかもしれないということになっていることです。「子どもの主体性を大切に」することを重視し、直接的には効率的であることを目指さない新教育やその流れを汲む保育が、非効率的に「あそんでばかりいる」というイメージとは逆に、ある種の社会の繁栄を支えてきたのかもしれないことを証明しつつあります。

●教育経済学が教えてくれること ― 自由になるための保育の重要性

塩崎　教育経済学の議論をここで確認しておこうとするのは、こと〈教育〉については、誰もが教育を受けた経験があるがゆえに「ここに予算をつけようか、いやあそこの方がいいだろう」などと、自分の視点から議論することが一見可能であり、とかく安易な経験主義に陥りやすい。「あそび」も経験値で語ることができるという意味では、教育をめぐる議論と同様の課題をもっています。自分の経験を相対化する数値データをもとに、どんな実践がどういう効果をあげたのかについて検証することが少ない。つまり教育（あるいはあそび）という営みは、個人的な経験から、内容やその効果を想定し自分の思い込みで話しが展開されやすいのです。たしかに教育やあそびの効果は客観的に数値化することが難しく、何を成果と考えるのかも人によって異なっています。でも、そのあやふやで、確定しづらい部分があってもなお、私たちは、過去に行った教育の効果やあそびの意味を精査することなしに、未来の教育を構想することはできないと思われます。

そうした意味で、教育経済学がエビデンス（科学的証拠）をもとにした判断が〈教育〉においても通常パラダイム化するよう、データを収集し、客観的な分析にむけて取り組んでいる政策的な成果については、私も、今後の動向を期待する者の一人です。

教育経済学によって集められているデータとは、過去に蓄積されてきた歴史的実践の成果に他なりません。この対談でもずっと主張し続けている「歴史に学ぶ哲学の重要性」は多くの学問領域で共有されているのだと思われます。たとえば、乳幼児期に得た知や技術は次の能力獲得の素地となるため、乳幼児期の経験の差は、加齢とともに雪だるま式に広がっていくことが、保育者の経験値から語られるだけではなく、数字として明らかにされ始めています。学びへの素地、生きることへの構えを幼少期に育てる「保育」の果たす役割の大きさが、個人の好みの問題としてではなく、科学として語られるようになってきたわけです。保育者に手間暇かけて育てられた子どもたちが、その後どんな人生を歩んだのか、歴史的な検証が待たれるところです。その際、なにを保育の効果とするのかなどまだまだ議論の余地はありますが、保育に予算をかける必要性を否定することは到底できないほどに、エビデンスが蓄積されてきています。

●哲学者が、子どもの「あそび」に人間の行為の原風景をみるということ

塩崎　話しを「あそび」に戻します。

近代学校の詰め込み的な学習環境を見直した新教育推進者たちは、対抗軸として、子どもの主体性を大切にする実践を構想しました。「あそび」的な要素を、学校教育に入れようと企図したわけです。過度な効率化を求めず、無駄に見えても子ども自身が悩み考える時間を大切にする道を新教育実践者は選んできました。無駄やまちがえることがおもしろい。簡単ではなく、効率的でもない。人工知能とは異なり、人間は「難しくてもやってみたい」という感覚をもっています。まちがえることや、無謀なことに挑戦するスリルをおもしろがる本能的感覚、そこに起こる「興奮」を梃子にして、それまで予想もしなかったようなことができるようになるという人間の潜在的能力の不思議さに、実践者は出会ってきました。

「あそび」という主体的でしかあり得ない活動を展開すると人間の能力が最大化することを、新教育を見出した人々は感じていたのではないでしょうか。できるようになるためにあそぶわけではないのですが、あそんでいるうちに、人のパフォーマンスが高まることがあります。

このような「あそび」について考える際、東京芸術大学の学生の様子を詳細にレポートした『最後の秘境　東京藝大』（二宮敦人、新潮社、112頁）はたいへん興味深い事例を数多く用意してくれています。たとえば、ルーブル美術館の彫刻「サモトラケのニケ」の前で彫刻科に在籍する学生（著者の妻）が、えんえん5時間以上も、一心不乱に見続けたというエピソードなどです。5

時間も、同じ彫刻の前で、息をすることも忘れる勢いで、作品を見続ける人に私はまだ出会ったことはありませんが、こうしたエピソードに人智を超えたエネルギーや人間の神秘を感じるのは私だけでしょうか。人間自身ではコントロールできない、効率化とは真逆のエネルギーかもしれません。でも、そうした「人間らしい存在のありか」は、効率的とは言い難い芸術的な営みによって創られてきたのではないでしょうか。人間のもつ、ある意味で操作不可能な芸術的活動が、私たちの生きるそれぞれの社会に豊かさをもたらしてきたことは疑いのない事実です。このニケの彫像は、ギリシャ共和国のサモトラケ島で発掘された「勝利の女神ニケ」ですが、優美でダイナミックな女性の姿、翼を広げた特徴的なモチーフなどがとても印象的です。レプリカで見たことのある人も多いでしょう。風を受けてたなびいている薄いベールの服や、その服がピタッとはりついて美しい身体のラインを浮き彫りにしている紀元前の作品は、たしかに、触れば人肌を感じるのではないかと思われるほどに精巧かつ魅力的です。ただの白い石の塊だったとは思えません。ニケをつくった彫刻家に見えていた世界の奥ゆき、作品をつくる集中力や技術に感動します。

ただ、同行者がすっかり飽きてベンチで昼寝をするなか、一心不乱にニケを見続ける受け手の興味や興奮についても、相当の魅力を感じます。私には作品を5時間も見続ける集中力はありませんし、見ることに夢中で動かなくなってしまった友人を待つことさえできないかもしれません。でもそれでもなお、その「芸術」的領域の周辺に流れる時間の奥深さ、効率的な操作を阻む人間の姿には可能性を感じます。

近藤　「芸術に流れる時間」ですか。芸術ということばの響きからは、どうしても、自分の中にある、苦手意識みたいなものが、イメージしていたように思います。少なくとも、若い頃はそんな気持ちでした。その後、変化がおきてきたとも言えます。保育の仕事に関わるようになってから、それも、保育者としての日々よりも、担任を離れて、距離をおいて、子どもを見つめるようになってからです。芸術ということばの意味なども、考えるようになりました。子どもが一つのことに集中して取り組んでいる姿を見ながら、大げさではなく、このひと時が、人間としての大事な生きざまだ、と思ったりするのです。自分でも、子どもといて、ゆっくりと時間をすごしたいと。

３歳になるFさんは、散歩にでたときに、「せんせい、とけいつくってあげるね」といって、大きい子の真似をしながら、シロツメクサを集めています。それを、私の腕に巻くのです。でも、長さが足りないので、「あーだめだった。せんせい、ちょっと、まって、てね」といって別のシロツメクサを探しに行くのです。また、やってきました。でも、まだ長さが足りません。何度かチャレンジしたようでしたが、来なくなりました。あきらめたようでした。それから数日たってから、散歩に一緒にでたのです。私は、もうこのことは忘れていたのですが、Fさんがまた「せんせい、とけいつくってあげるね」と来たのです。同じように何度かくりかえしていたのですが、だいぶたってから、５歳児クラスのお姉さんと一緒に来ました。二本のシロツメクサが、別の草で軽く結んであって、長くなっていました。「とけいつくってあげるね、よかったね」というのです。この日は、ほんとうに、うれしかったです。

そうした、「子どもの時間」を、大人である自分が楽しむことができるようになってきたのかもしれません。

塩崎　大人を含む人間にとっての「あそび」を考える上で、「余暇」にかんする哲学の議論がたいへん示唆的です。以下、長くなりますが、さわりの部分だけでも紹介してみます。⑤

私たち人類は、400万年前から今のような姿になって生きるようになったと考えられていますが、「定住」し始めたのはわずか1万年前だそうです。私たちの定住の歴史は、400万年中のたった1万年です。同じところに住み続ける「定住」という生き方は、人類の長い歴史から見れば、つい最近始まったばかりということです。移動を続ける遊動生活の方が、人間の命をつないできた実績がはるかに長い。遊動生活では、食物がなくなったり場所が汚くなったり地震などの危険があったら、その場を離れて別のところに移動すればよかったのです。モノをもたず、貯蓄せず、トイレの習慣などのルールを細かく決める必要も人類は長い間ありませんでした。

ところが1万年ほど前、気候などの変化にあわせ、私たちの祖先は徐々に「定住」せざるを得なくなりました。「定住」を余儀なくされたため、新しい食べ物をもとめて移動することができなくなり、同じ場所で食べ物を確保する必要が出てきたわけです。農耕が開発され、食料の貯蓄を可能にし、貯蓄からなる私有財産の貯蔵量に差が生まれ、経済格差が生まれました。財力のある者はコミュニティで権力をもち、モノがない者による盗みなどの犯罪も生まれ、法体系による規範の整備が進むのが文明社会です。移動する生活では死人はその場に置いておきさえすればよかったのでしょうか、定住によって死者を埋葬する必要が生じ、宗教が生まれました。このように「定住」することが人類に与えた影響の大きさは、この1万年の激変を見れば明らかです。「農耕や牧畜の出現、人口の急速な増大、国家や文明の発生、産業革命から情報革命⑥」など、それまでの数百万年とはくらべものにならない大きな変化を、私たちは経験してきました。

ただ、「定住」によって私たちが失ったものもあります。ここからが本題です。

遊動生活では人は移動するたびに、新しい環境に適応しなくてはなりませんでした。新しい土地を見つけたら、五感を研ぎ澄まし、食べ物を探し、水を確保し、危険な獣を避け、薪を集め、安全に寝る場所をつくる。遊動生活では、生きることと自らの活動がぴったりと重なり合う、暇などない、充実した時間の流れがありました。要するに、人は、生きるためにしなければならないことでいっぱいだったわけです。人間のもつ「優れた探索能力」が余すところなく使われ、数百万年に及ぶ遊動生活が人類の命をつないできました。

ところが、定住によって「余裕」が生まれた。夕日をみて物思いにふけり、料理を工夫し、食事に祈りをささげ、星をみて時間や空間の不思議を感じるゆとりができたのです。定住と遊動のどちらが良いかという問題ではなく、ここに私たち人類の課題も生まれたのではないかと考えられます。すなわちそれは、定住による余裕の生み出した「暇」や「退屈」をどう乗り越えるのか、という課題です。いわば他の動物が直面しようもない「暇」という人間の課題が誕生したわけです。かつて危機管理や場所の確保のために使用されていた「優れた探索能力」を使う機会がない。これは生物としては意外と深刻な事態であり、他の用途ででも、この能力を発揮する必要が生じているのだと考えられます。探索能力を使わないとイライラしたり、暇というつまらなさから犯罪を起こしたり、生きる意味を探して悶々としたり、ともかく一連の今日的課題は、「定住」による余裕から生まれている部分があることは明らかです。人間が本来使ってきた探索する能力、動物的な興奮状態をどのように保証できるのか。こうした瞬発力のような能力を活用するために、まさに私たちは生き物として生きるために「あそび」が不可欠なのだと考えられます。

良く考えてみれば、わざわざ緊張感をたかめ、無駄にみえることを行う「あそび」は不思議な行為です。でも、「退屈」の反対がゆとりではなく「興奮」だと考えれば、納得がいきます。ゆとりがあるから退屈してしまう人間は、大人であれば、わざわざ課題を見つけて忙しさを求めるように仕事をしたりします。役に立ちたい、のんびりしてはいられないという欲求も、退屈を我慢できないからでしょう。とすれば、子どもが暇をもてあまさずに生きていくためには、「あそび」は、本当に重要な活動なのだと思われます。あるいは人間には興奮できる「余暇」が不可欠なのです。「退屈」せずに「興奮」できるよう、エネルギーを高める欲求を「あそび」で人は満たしていくわけです。

多くの哲学者が、子どもの「あそび」に人間の行為の原風景を見いだすのは、そうした人類の課題に立ち向かおうとするからではないでしょうか。

近藤先生があそぶ子どもの姿から、思い出されることはありますか。

近藤　園長時代の経験を、少し振り返ってみます。庭であそぶスクーターを購入したことがありました。1台五千円以上はしていたと思います。それを、5～6台仕入れたのです。職員からも言われていて、ようやく実現できた買い物でした。夕方、主任の先生と箱を開けながら、庭に出るところにピカピカのスクーターを並べておきます。翌日の子どもたちの笑顔を想像しています。こんなとき、園長職のやりがいを感じていました。子どもたちは、予想通り、「あっ、あたらしいやつだ」と言いながら、スクーターに乗っていきます。

ところが、5歳児のG君くんが冴えない表情なのです。彼はやや行動がゆっくりなので、スクーターを手にできないから、気持ちがおちこんでいるのだと思い込んでいたのです。

「おれ、ふるいやつ（スクーター）がよかった」と言うのです。初めは、順番が回ってこないから、そう言うのだと思いました。そのうち、担任にも同じことを言っていたことがわかり、数日後に、もう一度、彼の気持ちを聴いてみました。そしたら彼は、古いスクーターにペンキを塗った方がいいいい、と言うのでした。私は、なんだか、とても恥ずかしくなりました。新しいスクーターを購入したのだから、喜ぶはずだという思い込みがあった。確かに子どもたちは、喜んで使い始めたのです。しかし、Gくんのアドバイスで古いスクーターにもペンキで色が塗られたことで、あそべる台数が増えました。より多くの子どもたちが、にぎやかにあそべるようになったのでした。遊具をていねいに使うこと（ものを大事に使用する保育者としての考え方）を彼に教えられた出来事でした。新しいスクーターを購入したのだから、感謝してもらいたいという形式的な反応を期待していた自分でした。

塩崎　なるほど。「あそび」というのは先生のおっしゃるように、私たちが「あたりまえ」だと感じていること、見えない価値観への変容を迫る行為なのかもしれません。

加えて、「子どもの声を聴く」ことは保育の基本であることに気づかされました。人の声を聴くことからしか民主的社会が始まらないように、保育では、明確な言語をもたない赤ちゃんの声すらきちんと聴きとらなくては、すべての人の意見が反映された民主的な保育にはなりません。見えにくいものを見ようとする、聴きづらい声を聴こうとする、それが保育の基盤であり、私たちが記録を書く意味につながっているのだと思います。

ところで、近藤先生は、これからの私たちの社会で大切にされるべき価値観は何であり、どんな実践が望まれているとお考えでしょうか。

● 実際の保育実践から考える

近藤　わたくしは、具体的な保育実践の中に、価値観を見出せるのではないかと思うのですが、いかがでしょうか。二つほど、実践のひとこまを紹介します。

一つは、２０１５年の夏に、保育者をめざす学生たちと一緒に訪問した山梨県の私立さくらんぼ保育園の実践です。８月に平和の取り組みで、５歳児は、戦争体験のある当時の理事長から話を聴きました。平和ということの大事さと、終戦直後の真っ青な空というお話について、とても印象深く心に刻まれたようです。その後の櫛形山《くしがたやま》登山の時のことです。山頂近くから景色を見下ろしたとき「あっ、あおのそら、へいわっぽい」と言ったのだそうです。うっそうとした登山道の樹林帯から突然抜けて目の前にお花畑と青空がパッと広がった場所でした。その声を、聴き、書き留められた保育者の姿勢に、とても心打たれました。この実践を聴いた学生は、卒業研究のテーマを〝ことばの記録〟に決めました。

二つ目は、２０１６年7月に研修会で報告された長野県飯田市の私立あすなろ保育園の実践です。

この園は、0歳児から3歳児まで、定員30名の小さな保育園です。「乳幼児期の子どもたちにとって、今、大事にしたいこと ―自然の中の遊びから考える―」という実践記録から2つだけ紹介してみます。

《実体験から、感性を豊かに》

散歩で「直接手で触れて感じる」実体験も大切にしたいと思っています。「何だろう面白そうだな、行ってみたいな」と心が動き、やりたい思い（自我）がふくらむ大事な時期だからこそ、魅力ある物があふれる自然の中で過ごしたいと思っています。いろいろな草花、ドングリなどの木の実、木切れ、落ち葉、川の水、氷、大きな岩、昆虫（テントウ虫、イナゴなど）、小動物（カエル、オタマジャクシ、カタツムリなど）保育園の周りの土手、田んぼ、遊歩道、公園、神社などで、あらゆる物に何度も触れて遊んでいきます。柔らかさ、硬さ、冷たさ、生き物の動く感触。0歳児は這う中で、歩ける子は自分で追う中で、たくさんの感触を知り、感じてきます。感触や温度は、季節によって違います。草花を摘んだり昆虫やカエルをつかまえることは特に、どの年齢の子も大好きで飽きることなく、触れています。目で追い、足で追って、手でつかみ、ときには匂いをかぎ、いろいろな感覚をつかっています。散歩の道中は、子どもたちが保育園で育てている野菜と同じ野菜を見つけたり、お米や柿のおおきくなっていく様子を見ることができたり、遠くの雲や飛行機、鳥の様子を眺めたり触れる以外にもたくさん感じとることがあります。手指で直接触れて、いろいろな感覚を使うことも、周りの景色からいろいろな物を眺め、捉えることも、感性を育てていることなのだと感じています。

《山登り》

たくさんの実体験、全身をいっぱい使い友達や保育士と思う存分楽しめるものとして、あすなろ保育園の秋の山登り遠足があります。いつも眺めている風越山のうちの虚空蔵山《こくぞうざん》（1130m）へ、2、3歳児が登ります。園へ帰ってくるまで、約5時間程を山の中で過ごしますが、子どもたちはいつも以上にワクワクしながら山への散歩へ出かけます。その日はどっぷりと自然の中に身をおいて、全身で自然を感じて満喫してきます。もちろん、道中は楽なわけではありませんが、魅力的な木の実（大きなドングリや栗の実）やたくさんの大きな木、見たことのない木の根っこ、岩、山の花やキノコ、観音様……など普段の散歩とは違うものたくさんのものがあり、その空間を友達と共有し楽しく発見しながら進みます。山の自然物との出会いは楽しく急なぎののぼりや大変な道も友達と一緒だと力も出て楽しくチャレンジしていい表情を見せ山の自然を探求してきます。山登りが2度目の3歳児は、別の道を探検のように進み、さらに急なぎののぼりや下り道も楽しんですべったり駆け下りたりしていきます。その力には驚かされます。はじめての2歳児も、下り道は最初は転びますが、体の踏ん張り方をだんだん覚えていきます。大変さや疲れがもちろんありますが、下ってきたときの子どもたちの表情は、満足そうで心地よい疲れを感じているように思います。その後の散歩で「あの山へ登ったんだよね」と伝え合う姿から、大自然に触れて大好きな友達と行った山は、それぞれの子どもたちにとって、楽しかった体験として残っていることを感じています。

この記録から感じるのは、0歳児から3歳児たちが、全身を使って認識していくことの魅力を、保育者自身が、つかみとろうとしているということです。保育者たちが、乳幼児とともに、自然の世界のすばらしさや保育者としての生き方の魅力を、胸に刻んでいるのではないでしょうか。

塩崎　保育者が子どもの興味に関心をもち、どんなことに人が驚き感動するのかをよく考えていることが伝わってきます。保育者を支える専門性の中核には、こうした実践知、保育者自身が考えられる余白の重要性があるのだと思います。子どものエネルギーを高める「あそび」を瞬時に判断し、そこに応えていく瞬発力も保育者には必要なのでしょう。

近藤　№2で、ＥＳＤの保育について話題にしましたが、ＥＳＤの内容を学び考える必要がある

と思います。（№２、40頁）

――「今」を大切にすることが未来につながっていることをしっかりと受けとめて、子どもとともに毎日を創造する生活であり、教育活動です。子どもが人、自然、社会を敬愛し、慈しみ尊重し、社会に貢献する人として育つことを願い、支える教育活動なのです――

『地球にやさしい保育のすすめ―ＥＳＤ的発想が保育を変える―』（全国私立保育園連盟・４頁）

０歳児から３歳児たちと過ごす、あすなろ保育園の保育者たちの生きる姿から、そうしたスケールの大きさを感じてしまいます。

ここで言いたかったことは、こうした日常的な保育実践の蓄積が、日本の地域社会を再生していく原動力になるのではないかということです。子どもと保育者たちとで創造される毎日の生活、この保育という営みが大人たち自身を育てることができる。つまり、こうした価値観（あるいは保育観）をもつことにより、人間らしい生活のあり方を見出すことが可能になるのではないか。だから、どんな地域においても、人が暮らし、働いているかぎり保育という営みが大事にされるべきだと思います。

●ふたたび人間関係について ― 職員集団の形成は、焦らずに未来志向で

近藤　職員集団の形成について、№２において私なりの意見を述べました。さまざまな園の特質があり、一般化できることではありませんが、どの園でも、なんらかの課題をかかえているので

はないでしょうか。その際、職員集団は「いつも新しいスタート」、「いま、最善をめざす」という視点が前向きだと思います。もちろん、そうはいっても、歴史や実践の蓄積を、きちんと伝えていかねばなりません。園としての歴史や保育実践の蓄積をどのように伝えていくかは、工夫をこらした方法があるでしょうし、学び合うということだと思います、

ことばとして、未来志向といっても、難しい面がありますが、将来ビジョンをもつということかもしれません。10年後、20年後のプランというと、イメージしやすいでしょうか。

イメージしやすくなると、逆に、不安感も押し寄せてくるかもしれません。いずれにせよ、10年、20年というスタンスで、保育園の職員集団のことを、考えてみることが大事だと言いたいのです。園の職員集団が、10年、20年という過去、そして未来を意識して、どう理念や内容を築いていくかということです。

たとえば、今から約20年前の1990年代後半、保育園の子どもたちの状態はどうであったでしょうか。一つの数値を紹介しましょう。1998年には、保育園に子どもたちが居る時間は、9～10時間が18・4％、10～11時間が45・9％、11時間～12時間が26・5％でした。2012年には、9～10時間が3・0％、10～11時間が20・5％、11時間～12時間が63・4％です（保育研究所『保育白書』各年版より）。

つまり、子どもたちは、長く保育園で生活するようになったのです。保育者の実感としても、「延長保育でクタクタだ」という声が多いのではないでしょうか。子ども、親、そして保育者たちも、疲れているわけです。

では、これからの10年、20年をどのように見通したらよいのでしょうか。これは、予測は難しいでしょうね。この辺は、どのように考えたらよいでしょうか?

塩崎　保育時間の長時間化についても、先ほどから話題になっている持続可能な社会の実現と結びついていると考えられます。人が無理をしなくても生きていける社会を構築することは、保育の課題でもあると私は思っています。その際、先ほど展開させていただいた「あそび」の人類史的な意味についても、考慮していければと思います。

ただ、現代社会が今のような厳しい労働状況のままでは、親は少しでも働ければうれしいわけで、保育時間の長時間化は時代の趨勢として容易に止めることはできないでしょう。

近藤　子どもたち、親たち、保育者たちも、本当に疲れている。まず、子どもたちの保育への考え方を変えてみるのはどうでしょうか。１歳、２歳くらいの子どもの保育を考えてみましょう。長い時間、園に居る子どもたちが、「少し、ゆっくりと、だらだらできる」時間と場所を保障したいと思います。そうはいっても、保育室の面積をそんなに確保できるわけではないと言われてしまいそうです。では、「少し、ゆっくりと、だらだらできる」保育の方法へ変えていくのはどうでしょうか。ある私立保育園を見学したときに、月曜日、保育者のひざに抱かれて、ぐずぐずいっている子がいました。保育者は、膝にその子を置きながら、「つかれているんだよね」などと言いながら、連絡ノートを見ていました。どのくらい時間が経過したでしょうか。やおら起き上がったその子は、友達のブロックのあそびへ向かっていきました。1歳、2歳くらいの子どもたちの保育では、自我の芽生えにむけた課題を大事にしたいと言われています。長い時間、園で過ごすようになった子どもたちが、ここで安心できるようになる、自分の気持ちを十分に出し、ゆっくりと育つのではないでしょうか。

園において「少し、ゆっくりと、だらだらできる」時間や場所、保育内容・方法を創造するという課題があると、とらえてみてください。

そして、今後の課題は、一人ひとりの夢や園としてのビジョンを語り、創造することです。5年先、10年先、自分はどうしたいのか、自分たちの園はどうあるべきか。そうした語り合いの場が求められていると思うのです。小さなことであっても、議論から導かれた内容を、大事にできる職員集団でありたいです。このことは、№1と№2で話し合ってきた園における民主主義の探究にも、かかわるのではないでしょうか。こうしたことを、議論できる職員集団をめざしたいものです。

● 急激な人口減少社会 ― 保育の未来や地域のあり方

近藤　№2において、今後の保育を展望することの議論において、塩崎先生は「都市部にある便利な機能も暮らしの中に取り入れていく工夫をしつつ、人の暮らしにサブシステムを用意し、安心感の高いコミュニティにしていくことは、保育実践の中でできると思います。保育の中で安心感のある暮らしを提案し、サブシステムを増やす実践を行うことで、人の流失を防ぐ方途が各地域で模索されるのではないでしょうか」と話されました（№2、44頁）。ここには、それぞれの園での保育が何をめざしていくのか、どのような理念や目標を掲げていくのかにかかわるとても大事な問題が含まれています。

いま、あちこちの農村地域、あるいは過疎地域では、急激な人口減少が深刻です。その結果として、保育園や幼稚園の統廃合ということもおこっています。新制度の問題はあとで議論しますが、この問題（過疎化ということと、都市部での人口集中がすすむことも含め）を打開する鍵は、いったい、どこにあるのでしょうか。保育分野だけの議論では、難しいでしょう。でも、保育の側では、どう考えればよいのか。地域と保育との関係性ということです。若い人の働く場がないということで人口が流失するということもあるでしょう。その意味では、保育という営みの基盤にある経済的な構造がネックになっていることはたしかでしょう。でも、問題の解決の糸口をさぐるには、どうしたらよいのか。この辺をどのように考えますか？「人の暮らしにサブシステムを」「安心感の高いコミュニティ」のあたりから、もう少し、具体的にお聞かせください。

塩崎　「あそび」や「芸術」について話しをさせていただいたように、人類の長い歴史から生物としての人間のあり方について、考えてみる必要があると思っています。私たちはとくにこの100年ほどの間、ひたすら「能率」の高さを求めてきました⑦。でも、その限界について、考えるべきときがきているのだと私は思っています。

近藤　実は、この問題についての方向性をもつことが、保育の哲学においても重要な柱だと思います。人口問題については、数年前から、大きな指摘がされていますよね。今後、確実に人口が減少していく。働き手がなくなることになります。特に、地方では、市町村そのものが消滅するということまで話題になっています。

もちろん、専門分野を超える内容になりますが、勉強しはじめています。

例えば、スウェーデンにおいて、今から70年も前に「子育て支援策」が展開されました。ミュルダール夫妻による政策転換が提示されたとのことです（吉川洋『人口と日本経済』中公新書、２０１６年）。20世紀に入り、人口減少が問題になってきたが、それを放置してはならないこととします。そして、打ち出した方向性は、社会全体での子育ての負担ということであったのです。ミュルダールは、保育所の数を増やすこと、衛生や教育水準を向上させることです。現金給付ではなく、現物給付を提唱したそうです。

大きくは、国全体で子育てを支援することが力説されました。１９３０年代にこれを実行に移しているのですから、日本は大きな立ち遅れですね。

私たちは英知を結集して緊要なテーマの方向性を考えねばなりません。

①渡辺義晴、１９１１年松山市生まれ。京都大学文学部哲学科卒業、信州大学教養部教授。退職後、長野県地域住民大学学長をはじめ幅広い分野で活躍。１９９８年永眠。
主著：『新本主義黎明期の哲学―スピノザ研究』刀江書院、『哲学史』（共著、青木書店）、『大学・教育・倫理の探究―社会主義倫理学への道』（法規文化出版）。訳書：ロバート・オーエン『社会変革と教育』（明治図書、世界教育学選集26）。渡辺義晴先生追悼遺稿集刊行会『しまなみを越えて渡辺義晴先生追悼遺稿集』（法規文化出版、2000）がある。
②安積力也『教育の力』岩波書店（岩波ブックレット）2007　36～37頁
③レッジョエミリアの理論的指導者ローリス・マラグッツィの詩（佐藤学 訳）
「冗談じゃない、百のものはここにある」

　子どもは　百のもので作られている
　子どもは　百の言葉を　百の手を　百の考えを　遊んだり話したりする　百の考え方を　愛することの驚きを
　　いつも百通りに聴き分ける百のものを　歌ったり理解する
百の楽しみを　発見する　百の世界を　夢見る
百の世界を持っている。
子どもは　百の言葉を持っている。　（その百倍もその百倍もそのまた百倍も）
けれども、その九十九は奪われている。
学校の文化は　頭と身体を分けている。　そして、子どもにこう教える。
手を使わないで考えなさい。頭を使わないで行動しなさい。話さないで聴きなさい。
楽しまないで理解しなさい。
愛したり驚いたりするのはイースターとクリスマスのときだけにしなさい。
学校の文化は子どもに教える。すでにあるものとして世界を発見しなさい。
そうして百の世界のうち　九十九を奪っている。学校の文化は子どもに教える。
仕事と遊び　現実とファンタジー　科学と想像　空と大地　理性と夢は
ともにあることが　できないんだよと。
こうして学校の文化は　百のものはないと子どもに教える。子どもは言う。
冗談じゃない。百のものはここにある。

④西平直『シュタイナー入門』講談社（講談社現代新書）1999
⑤國分功一郎『暇と退屈の倫理学』太田出版　2015
⑥國分功一郎　前掲書、85頁
⑦新倉貴仁『「能率」の共同体―近代任本のミドルクラスとナショナリズム』岩波書店　2017

●対談「保育の哲学」（続き）へ向けて

近藤　今回は、諸外国の保育、幼児教育に目を向けながら、保育の哲学を問うことを試みてきました。ことばの意味をつかんでいくことは、自分だけでは、できないことだと思いました。質問をしてみることで、予期しないこたえと出会うこともできます。私にとっては、新しい発見の連続だと言えます。さて、日本の人口減少問題が深刻です。地域社会の変貌もすさまじいです。できれば、この難問題や新制度下の諸課題にも切りこみたいです。対談には、かなり時間を費やしますが、今後とも、よろしくお願いします。

塩崎　なかなかお伝えしたいところまでたどりつけないもどかしさを感じつつですが、一つ一つ丁寧に考えることが哲学の実践だと思っております。保育は生きることすべてにかかわる実践ですので、目配りすべき研究もある意味ですべての領域に及んでいると考えられます。取るに足らないこととしてではなく、子育てや保育の大切さをかみしめながら、またゆっくりと考えさせていただく時間があればと思います。こちらこそどうぞよろしくお願いいたします。

●近藤　幹生（こんどう　みきお）
1953年生まれ
現在，白梅学園大学子ども学部・教授
専門は，保育学，保育史
主な著書　『保育とは何か』（岩波新書，単著）
『教育課程・保育課程を学ぶ』（ななみ書房，共著）ほか
『保育の哲学１』（ななみ書房・ななみブックレット）
『保育の哲学２』（ななみ書房・ななみブックレット）

●塩崎　美穂（しおざき　みほ）
1972年生まれ
現在，日本福祉大学子ども発達学部・准教授
専門は，教育学，比較保育文化史
主な著書　『教育原理－保育実践への教育学的アプローチ』（樹村房，編著）
『保育者論』（全国社会福祉協議会，共著）ほか
『保育の哲学１』（ななみ書房・ななみブックレット）
『保育の哲学２』（ななみ書房・ななみブックレット）

保育の哲学　3　　ななみブックレットNo.6
2017年5月5日　第1版第1刷発行

●著　者　近藤幹生／塩崎美穂
●発行者　長渡　晃
●発行所　有限会社　ななみ書房
〒252-0317　神奈川県相模原市南区御園 1-18-57
TEL　042-740-0773
http://773books.jp
●絵・デザイン　磯部錦司・内海　亨
●印刷・製本　協友印刷株式会社

ISBN978-4-903355-48-1
Printed in Japan

定価は表紙に記載してあります／乱丁本・落丁本はお取替えいたします